Inhalt

Erbschaftsteuerrichtlinie 2011 - Wichtige Neuregelungen für Unternehmen

Kernthesen

Beitrag

Fallbeispiele

Weiterführende Literatur

Impressum

Erbschaftsteuerrichtlinie 2011 - Wichtige Neuregelungen für Unternehmen

Annett Kaindl

Kernthesen

- In der Erbschaftsteuerrichtlinie 2011 wurden bereits bestehende Verwaltungsanweisungen zusammengefasst.
- Die Richtlinien geben für die Gestaltungspraxis in vielen Punkten Klarheit und eindeutige Vorgaben.
- In einzelnen Punkten wurden teilweise verschärfende Neuregelungen eingeführt.

Beitrag

Verabschiedung neuer Erbschaftsteuerrichtlinien

Mit dem Erbschaftsteuerreformgesetz (ErbStRG) vom 24.12.2008 hat der Gesetzgeber versucht, den Vorgaben des Bundesverfassungsgerichts nachzukommen und in den Regelungen der §§ 13a, b Erbschaftsteuergesetz (ErbStG) weitreichende Verschonungen für unternehmerisches Vermögen bis hin zur völligen Steuerfreistellung vorgesehen. (1)

Der Gesetzgeber stellt unternehmerisches Vermögen im Rahmen des ErbStG von der Versteuerung teilweise oder vollständig frei, um die mit diesem unternehmerischen Vermögen verbundenen Arbeitsplätze zu erhalten. Dies bedeutet für den Erwerber, dass die bisher vorhandenen Arbeitsplätze erhalten bleiben müssen, soll die steuerliche Begünstigung nicht verloren gehen. Ob die Arbeitsplätze erhalten wurden, wird im Rahmen der Lohnsummenkontrolle überprüft. (3)

Auch die neuen Regelungen leiden sowohl unter Unklarheiten als auch unter verfassungsrechtlichen Bedenken. Während die Finanzverwaltung versucht, die Unklarheiten durch den Erlass neuer

Erbschaftsteuerrichtlinien (ErbStR) zu reduzieren, beabsichtigt der Bundesfinanzhof offenbar eine erneute verfassungsrechtliche Prüfung. (1)

Der Bundesrat hat am 16.12.2011 den neuen ErbStR 2011 zugestimmt. Die ErbStR 2011 treten an die Stelle der ErbStR 2003. Die Richtlinien legen für die Finanzämter verbindlich die Auslegung und Anwendung des Erbschaftsteuerrechts fest. Nachfolgende Ausführungen konzentrieren sich insbesondere auf die Neuregelungen zur Begünstigung unternehmerischen Vermögens nach den §§ 13a, 13b ErbStG. (1), (2)

Begünstigung von Betriebsvermögen

In den ErbStR 2011 wird sehr ausführlich auf die Begünstigung von Betriebsvermögen eingegangen. Betriebsvermögen, das mindestens fünf Jahre gehalten wird, wobei die Lohnsumme in diesen fünf Jahren mindestens 400 Prozent der Ausgangslohnsumme erreichen muss, wird nur mit 15 Prozent des Vermögens besteuert. Es darf ein Verschonungsabschlag von 85 Prozent vorgenommen werden, wenn das sogenannte Verwaltungsvermögen nicht mehr als 50 Prozent des Betriebsvermögens ausmacht. Für den nicht steuerbefreiten Anteil (15

Prozent des Betriebsvermögens) wird darüber hinaus ein Freibetrag von 150 000 Euro gewährt, der allerdings unter bestimmten Umständen abgeschmolzen werden kann. (2), (3)

Antrag auf Optionsverschonung

Statt dem Verschonungsabschlag von 85 Prozent ist es auch möglich, eine 100-prozentige Verschonung des Betriebsvermögens zu beantragen, die sogenannte Optionsverschonung nach § 13a ErbStG. Voraussetzung dafür ist, dass eine Behaltensfrist von sieben Jahren eingehalten wird, innerhalb von sieben Jahren die Lohnsumme von 700 Prozent erreicht wird und das Verwaltungsvermögen aller übertragenen wirtschaftlichen Einheiten die Grenze von zehn Prozent nicht überschreitet. (2)

Der Antrag auf Optionsverschonung konnte nach bisheriger Auffassung nur bis zum Ende der formellen Bestandskraft der Festsetzung der Erbschaftsteuer gestellt werden. Die ErbStR 2011 legen hingegen fest, dass ein entsprechender Antrag bis zum Ende der materiellen Bestandskraft der Festsetzung der Erbschaftsteuer möglich ist. (1)

In den ErbStR wird ausführlich Stellung zur Frage der Nachbesteuerung genommen, falls die Behaltensfrist nicht eingehalten beziehungsweise die Lohnsummen nicht erreicht werden. Die Begriffe Lohnsummen, Verwaltungsvermögen, junges Verwaltungsvermögen werden ausführlich erläutert und Berechnungen zur Nachversteuerung aufgezeigt. (2)

Steuerliche Vergünstigungen mittels Poolvereinbarungen

Da Anteile an Kapitalgesellschaften nur bei unmittelbaren Beteiligungen von mehr als 25 Prozent begünstigt sind, kann durch eine Poolvereinbarung nach § 13b ErbStG eine erbschaftsteuerliche Begünstigung auch bei kleineren Beteiligungen erreicht werden. Inhaltliche Anforderungen an Poolvereinbarungen finden sich bislang vor allem in diversen Ländererlassen. Die ErbStR 2011 übernehmen diese Regelungen weitestgehend, jedoch mit einer entscheidenden Abweichung: Stimmrechtslose Anteile dürfen nicht in die Poolvereinbarung einbezogen werden.

Entsprechend den ErbStR 2011 ist nicht nur die entgeltliche Übertragung von Poolanteilen an Dritte steuerschädlich, die Begünstigung entfällt auch dann, wenn vor Ablauf der Behaltensfrist die Quote der poolgebundenen Anteile aufgrund einer Kapitalerhöhung auf 25 Prozent oder darunter sinkt. Beim Absinken der Quote der poolgebundenen

Anteile auf oder unter 25 Prozent durch Ausscheiden eines Poolmitgliedes verlieren nicht nur der Ausscheidende, sondern auch die im Pool verbleibenden Gesellschafter die steuerliche Begünstigung. (1)

Junges Verwaltungsvermögen

Verwaltungsvermögen gehört nicht zum begünstigten Vermögen, wenn es zum Besteuerungszeitpunkt weniger als zwei Jahre dem Betrieb zuzurechnen war, sogenanntes junges Verwaltungsvermögen. Wirtschaftsgüter zählen auch zum jungen Verwaltungsvermögen, wenn sie nicht durch Einlagen zugeführt, sondern aus betrieblichen Mitteln angeschafft oder hergestellt wurden, die seit zwei Jahren und mehr zum Betriebsvermögen gehören.

Die ErbStR 2011 enthalten konkrete Anweisungen zur gesellschafterbezogenen Zurechnung von jungen Verwaltungsvermögen bei Personen- und Kapitalgesellschaften sowie Tochtergesellschaften. (1)

Lohnsummenregelung

Die ErbStR 2011 konkretisierten die einzubeziehenden Lohnbestandteile: Einzubeziehen sind die Löhne und Gehälter, wie sie in der Gewinn- und

Verlustrechnung ausgewiesen werden und durch Entgeltumwandlung von Arbeitnehmern getragene Altersvorsorgeaufwendungen. Anteile des Arbeitgebers an den gesetzlichen Sozialabgaben sowie tariflich vereinbarte, vertraglich festgelegte oder freiwillige Sozialbeiträge dürfen nicht einbezogen werden.

Nach § 13a ErbStG sind auch die Lohnsummen von Tochter- oder Enkel-Kapitalgesellschaften im Rahmen der Lohnsummenprüfung relevant, wenn unter anderem die unmittelbare oder mittelbare Beteiligung mehr als 25 Prozent beträgt. (1)

Bei der Ermittlung der Ausgangslohnsumme sind die Lohnsummen der im Besteuerungszeitpunkt zum Betrieb gehörenden Beteiligungen stets anteilig einzubeziehen. Gehört eine solche Beteiligung nicht innerhalb des gesamten Zeitraumes für die Ermittlung der Ausgangslohnsumme zum Betrieb, darf die Lohnsumme nur für den Zeitraum der Zugehörigkeit zu diesem Betrieb einbezogen werden. (3)

Trends

Baldige Änderungen an den erbschaftsteuerlichen Rahmenbedingungen für die Unternehmensnachfolge sind sehr wahrscheinlich. Zum einen weil die derzeitigen Regelungen eventuell einer Prüfung vor dem Bundesverfassungsgericht nicht standhalten. Zum anderen ist in politischer Hinsicht zu berücksichtigen, dass die derzeitigen Oppositionsparteien bereits mehrfach Kritik an dem geltenden Recht geübt und Änderungen für den Fall einer zukünftigen Regierungsverantwortung angekündigt haben. (1)

Fallbeispiele

Auch nach Veröffentlichung der ERbStR 2011 bleibt die Frage offen, wie die Beteiligungsquote im Rahmen der Lohnsummenregelung bei mehrstufigen Konzernen zu bestimmen ist. Dazu folgendes Beispiel: Eine Mutter-Kapitalgesellschaft (M-KapG) ist mit 40 Prozent an einer Tochter-Kapitalgesellschaft (T-KapG) und die T-KapG wiederum zu 40 Prozent an einer Enkel-Kapitalgesellschaft (E-KapG) beteiligt.

Werden die einzelnen Ebenen betrachtet, wird der M-KapG 40 Prozent der Lohnsumme der T-KapG und 16 Prozent der Lohnsumme der E-KapG zugerechnet. Bei einer Betrachtung im Wege der Durchrechnung werden der M-KapG demgegenüber nur 40 Prozent der Lohnsumme der T-KapG zugerechnet, nicht jedoch die 16 Prozent Lohnsumme der E-KapG, da die M-KapG durchgerechnet nur zu 16 Prozent und damit nicht zu mehr als 25 Prozent an der E-KapG beteiligt ist. (1), (2)

Weiterführende Literatur

(1) Neue Rechtsentwicklungen im Erbschaftsteuerrecht
aus Aktuelles Steuerrecht, 1/2012, S. 108ff

(2) RAin, FAinStR Susanne Christ, Köln / Erbschaftsteuer-Richtlinien 2011 Ein Überblick
aus SteuerConsultant, Vol. 4, Heft 02/2012, S. 25-26

(3) Lohnsummenkontrolle im Familienkonzern Offene und geklärte Fragen nach Veröffentlichung des Entwurfs der Erbschaftsteuer-Richtlinien 2011
aus Betriebs Berater Heft 40/2011 Seite 2455

Impressum

Erbschaftsteuerrichtlinie 2011 - Wichtige Neuregelungen für Unternehmen

Bibliografische Information der deutschen Nationalbibliothek

Die Deutsche Nationalbibliothek verzeichnet diese Publikation in der deutschen Nationalbibliografie; detaillierte bibliografische Daten sind im Internet über http://dnb.d-nb.de abrufbar.

ISBN: 978-3-7379-1412-3

© 2015 GBI-Genios Deutsche Wirtschaftsdatenbank GmbH, Freischützstraße 96, 81927 München, www.genios.de

Alle Rechte vorbehalten. Dieses Werk ist einschließlich aller seiner Teile – z.B. Texte, Tabellen und Grafiken - urheberrechtlich geschützt. Jede Verwertung außerhalb der Grenzen des Urheberrechtsgesetzes bedarf der vorherigen Zustimmung des Verlags. Dies gilt insbesondere auch für auszugsweise Nachdrucke, fotomechanische

Vervielfältigungen (Fotokopie/Mikroskopie), Übersetzungen, Auswertungen durch Datenbanken oder ähnliche Einrichtungen und die Einspeicherung und Verarbeitung in elektronischen Systemen.